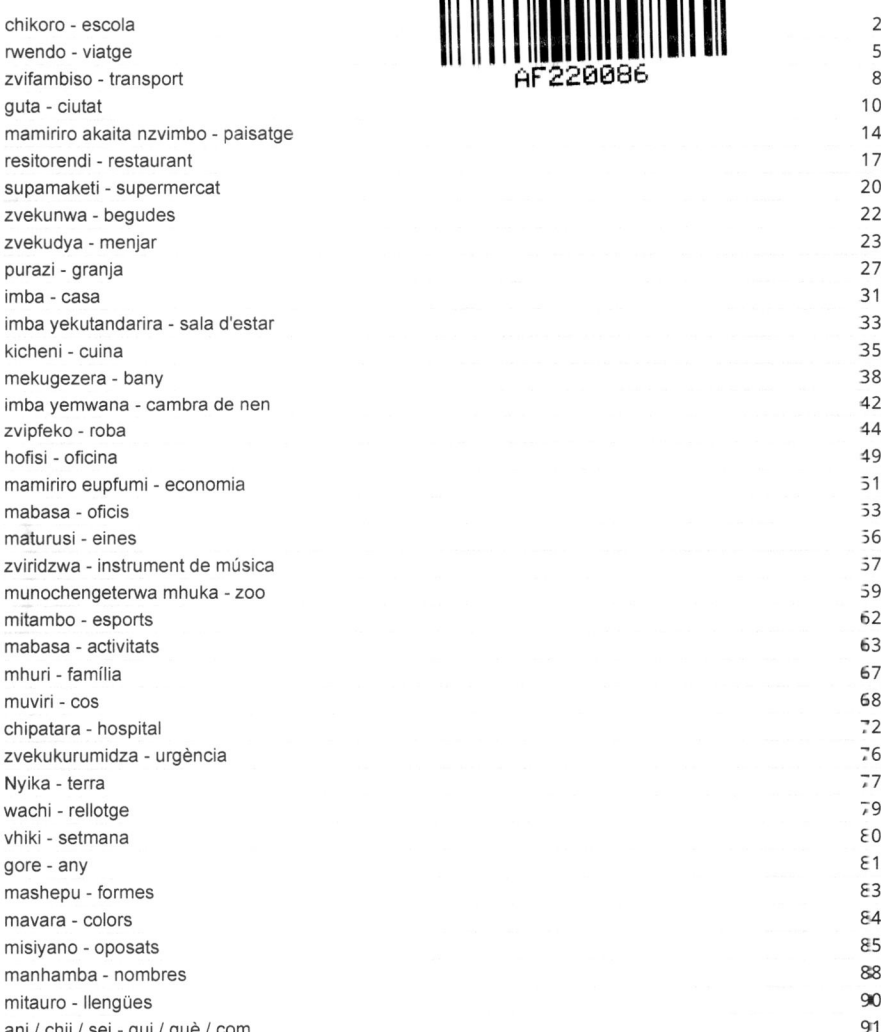

Impressum
Verlag: BABADADA GmbH, Nedderfeld 112 , 22529 Hamburg
Geschäftsführer / Verlagsleitung: Harald Hof
Druck: Books on Demand GmbH, In de Tarpen 42, 22848 Norderstedt

Imprint
Publisher: BABADADA GmbH, Nedderfeld 112 , 22529 Hamburg, Germany
Managing Director / Publishing direction: Harald Hof
Print: Books on Demand GmbH, In de Tarpen 42, 22848 Norderstedt

chikoro
escola

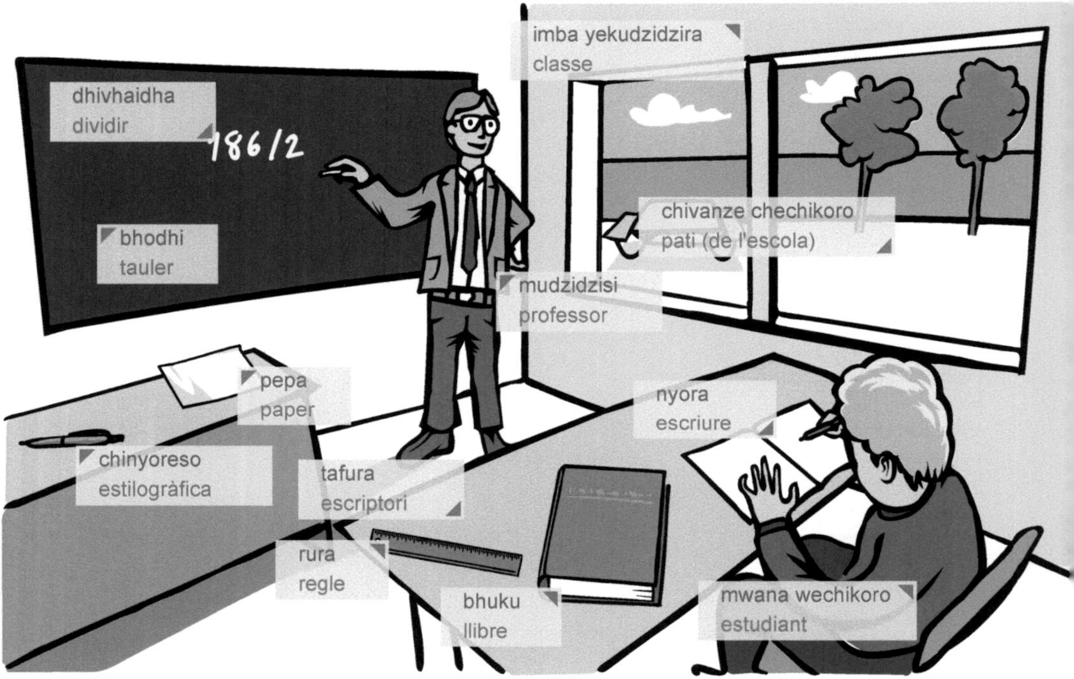
imba yekudzidzira
classe
dhivhaidha
dividir
186/2
bhodhi
tauler
chivanze chechikoro
pati (de l'escola)
mudzidzisi
professor
pepa
paper
nyora
escriure
chinyoreso
estilogràfica
tafura
escriptori
rura
regle
bhuku
llibre
mwana wechikoro
estudiant

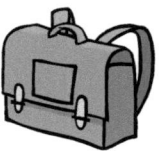

bhegi
bossa

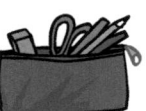

chekuchengetera mapenzura
estoig

penzura
llapis

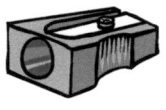

chekurodzesa mapenzura
maquineta de fer punta

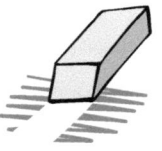

rabha
goma

bhuku rekudhirowera mifananidzo
bloc de dibuix

mufananidzo wakadhirowewa
dibuix

bhurasho rekupendesa
pinzell

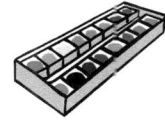

bhokisi rependi
capsa de pintures

chigero
tisores

guruu
cola

bhuku rekunyorera
quadern d'exercics

basa rinoitirwa kumba
deures

nhamba
nombre

sangan sa
afegir

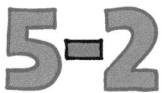

bvisa
sostreure

wanziridza
multiplicar

kakureta
calcular

bhii
lletra

arufabheti
alfabet

shoko
mot

mashoko

text

kuverenga

llegir

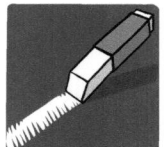

choko

guix

chidzidzo

lliçó

bhuku remazita

llibre de classe

bvunzo

examen

setifiketi

certificat

yunifomu yekuchikoro

uniforme escolar

dzidzo

formació

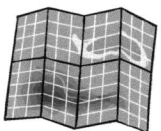

encyclopedia

enciclopèdia

yunivhesiti

universitat

maikorosikopu

microscopi

mepu

mapa

bhini remapepa

paperera

rwendo
viatge

hotera
hotel
Grand
mahostera
alberg
ROOMS
panochinjwa mari
oficina de canvi
sutukesi
maleta
mota
automòbil

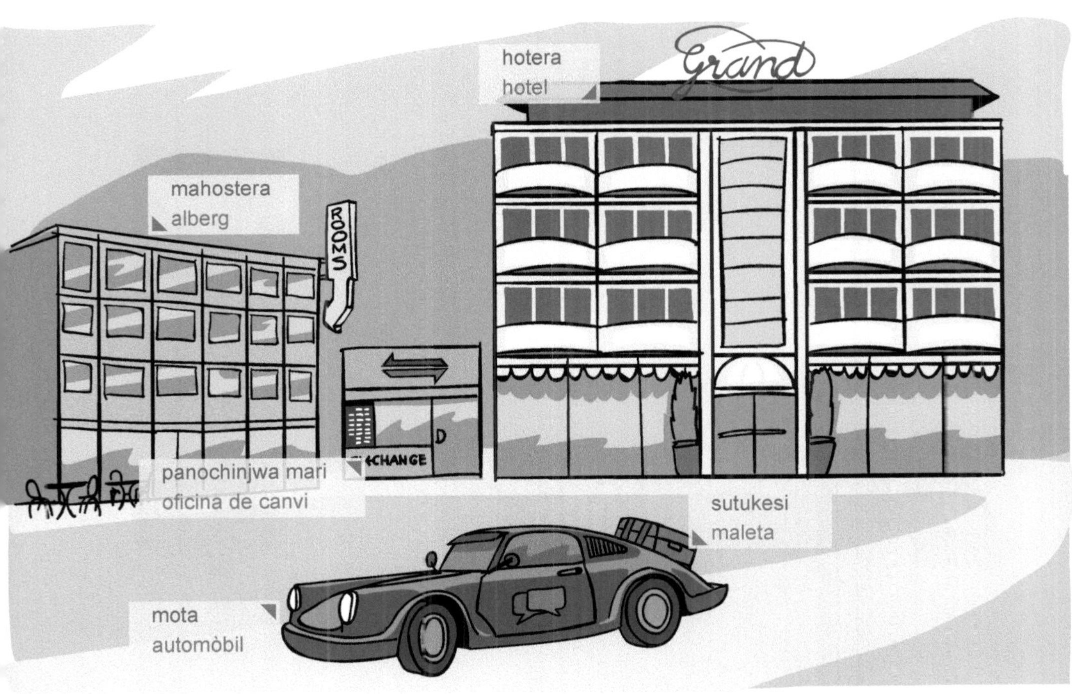

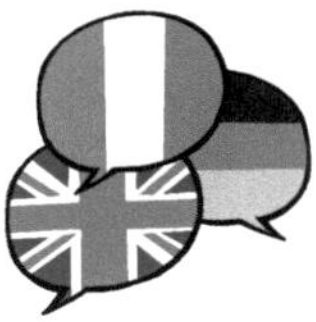

mutauro

llengua

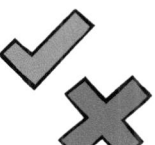

hongu / kwete

sí / no

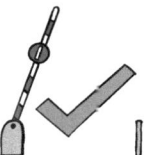

Zvakanaka

D'acord

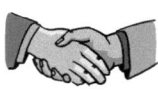

hesi

Ey!

mushanduri

traductora

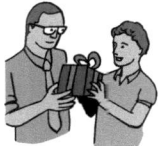

Mazvita

gràcies

Imarii... ?

Quant costa... ?

Handisi kunzwisisa

No entenc

dambudziko

problema

Manheru!

Bona nit!

Mangwanani!

bon dia!

Murare zvakanaka

bona nit!

toonana

fins aviat

mafambiro

direcció

katundu

bagatge

bhegi

bossa

bhegi rekumusana

sarrona

muenzi

convidat

imba

cambra

bhegi rekurarira

sac de dormir

tendi

tenda

mashoko evafambi

oficina de turisme

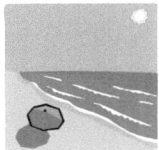

mahombekombe

platja

kadhi rekubheng

carta de crèdit

kudya kwemangwanani

esmorzar

kudya kwemasikati

dinar

kudya kwemanheru

sopar

tiketi

bitllet

chikwidzo

ascensor

chitambi

segell

muganhu

frontera

vanoona nezvekupinda
munyika

duana

vamiririri venyika

ambaixada

vhiza

visat

pasipoti

passaport

zvifambiso
transport

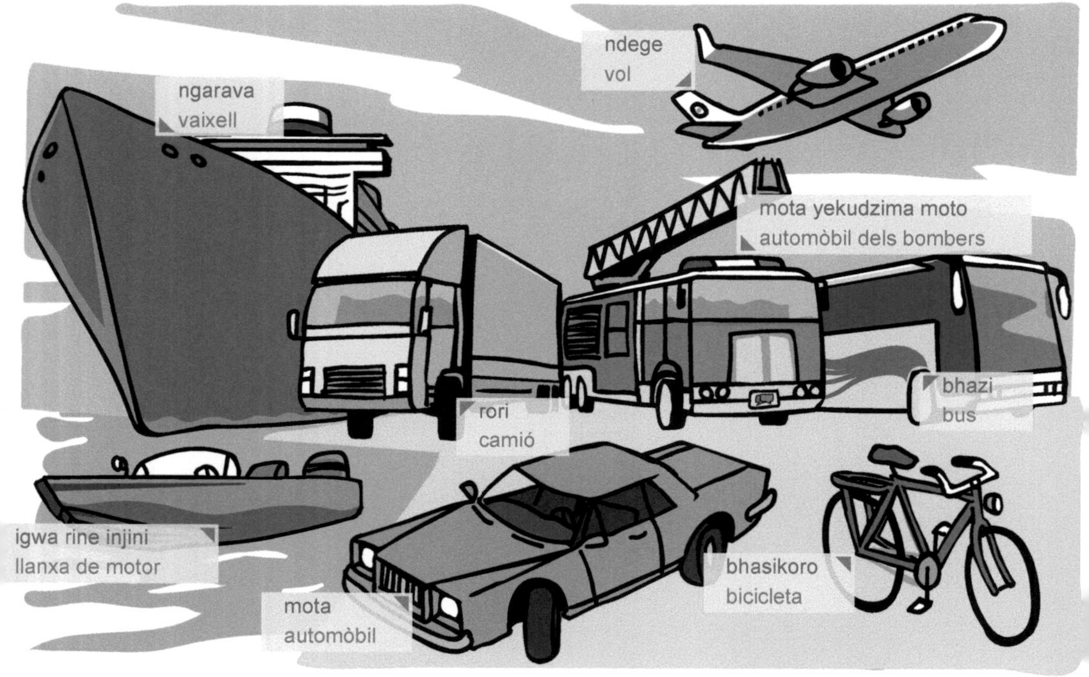
ngarava
vaixell
ndege
vol
mota yekudzima moto
automòbil dels bombers
rori
camió
bhazi
bus
igwa rine injini
llanxa de motor
mota
automòbil
bhasikoro
bicicleta

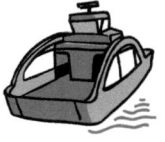

igwa
....
transbordador

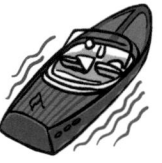

igwa
....
barca

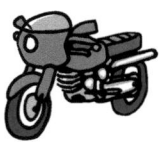

mudhudhudhu
....
moto

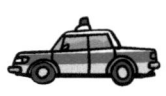

mota yemapurisa
....
automòbil de policia

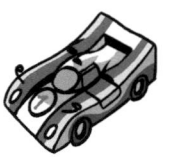

mota yemujaho
....
automòbil de curses

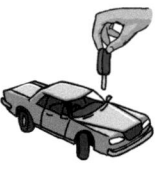

mota yekuhaya
....
automòbil de lloguer

kuhaya mota

vehicle compartit

mota inodhonza dzinenge dzafa

grua

mota yemabhini

camió de les escombraries

injini

motor

mafuta

benzina

garaji remafuta

benzineria

chikwangwani chemumugwagwa

senyal de trànsit

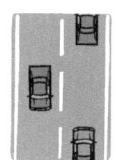

mota

trànsit

mota dzakawandisa

embús

panopakwa mota

aparcament

chiteshi chezvitima

estació de trens

njanj

vies

chitima

tren

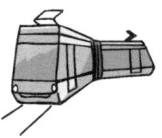

tram

tramvia

chitima

vagó

zvifambiso - transport

chikopokopo

helicòpter

nhandare yendege

aeroport

nharire

torre

mufambi

passatger

chikondena

contenidor

kadhibhodhi bhokisi

capsa de cartó

ngoro

carretó

bhasiketi

cistella

simuka / mhara

enlairar-se / aterrar

guta
ciutat

musha

poble

pakati peguta

centre de la ciutat

imba

casa

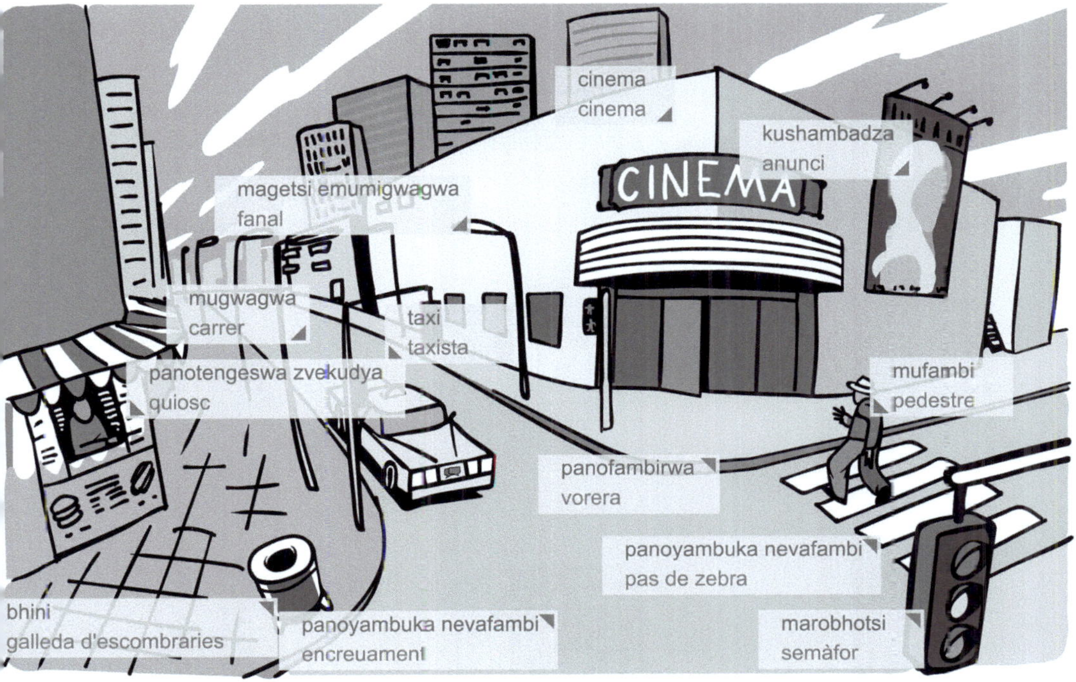

cinema
cinema
CINEMA
kushambadza
anunci
magetsi emumigwagwa
fanal
mugwagwa
carrer
taxi
taxista
panotengeswa zvekudya
quiosc
mufambi
pedestre
panofambirwa
vorera
panoyambuka nevafambi
pas de zebra
bhini
galleda d'escombraries
panoyambuka nevafambi
encreuament
marobhotsi
semàfor

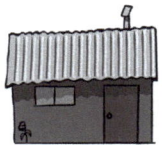

imba

cabana

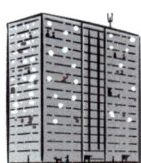

mafurati

apartament

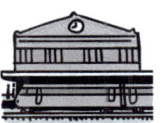

chiteshi chezvitima

estació de trens

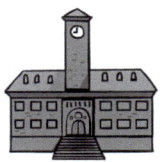

imba yeguta

casa de la vila-ciutat

MUSEUM

muziyamu

museu

chikoro

escola

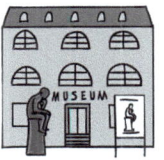

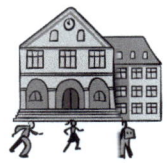

yunivhesiti
universitat

bhengi
banca

chipatara
hospital

hotera
hotel

panotengeswa mishonga
farmàcia

hofisi
oficina

chitoro chemabhuku
llibreria

chitoro
botiga

panotengeswa maruva
floristeria

supamaketi
supermercat

musika
mercat

chitoro chine
madhipatimendi
gran magatzem

panotengeswa hove
peixateria

nzimbo ine zvitoro
centre comercial

chiteshi chengarava
port

paki

parc

bhenji

banc

bhiriji

pont

masitepisi

escala

nzira inoenda nepasi

metro

mugwagwa wepasi

túnel

panokwirirwa mabhazi

parada d'autobús

bhawa

bar

resitorendi

restaurant

bhokisi retsamba

bústia de correu

chikwangwani
chemugwagwa
senyal indicador

mita yekupaka

parquímetre

munochengeterwa mhuka

zoo

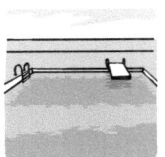

kunotuhwinirwa

piscina

mosque

mesquita

purazi

granja

kusvibisa

pol·lució

kumakuva

cementiri

chechi

església

pekutambira

parc infantil

temberi

temple

mamiriro akaita nzvimbo
paisatge

shizha
fulla

chikwangwani
cartell indicador

nzira
camí

mafuro
prat

dombo
pedra

mufambi
excursionista

muti
arbre

rwizi
riu

uswa
gespa

ruva
flor

mupata
vall

gomo
muntanya

dhamu
llac

sango
bosc

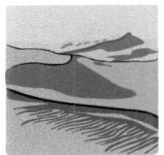

gwenga
desert

chikwatamabwe
volcà

zimba
castell

muraraungu
arc de Sant Martí

hohwa
bolet

muchindwe
palmera

umhutu
moscard

nhunzi
mosca

svosve
formiga

nyuchi
abella

buve
aranya

chipembenene

escarabat

datya

granota

tsindi

esquirol

nungu

eriçó

tsuro

llebre

zizi

òliba

shiri

ocell

swan

cigne

nguruve yemusango

senglar

nondo

cervo

moose

ant

dhamu

presa

injini yemhepo

turbina

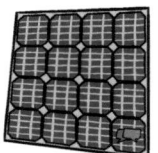

panero rezuva

panell solar

mamiriro ekunze

clima

resitorendi
restaurant

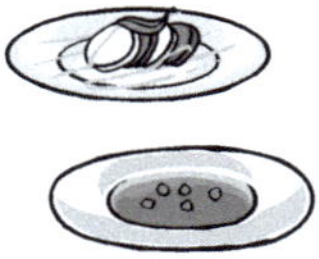

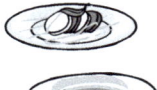

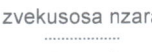

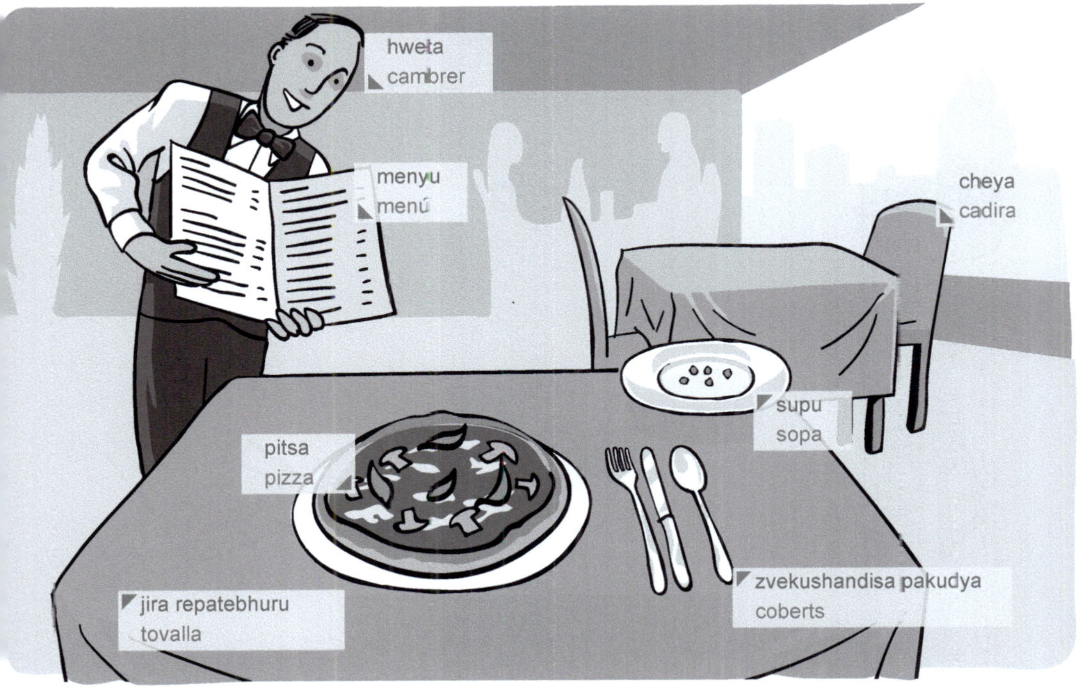

hweta
cambrer
menyu
menú
cheya
cadira
pitsa
pizza
supu
sopa
jira repatebhuru
tovalla
zvekushandisa pakudya
coberts

zvekusosa nzara

primer plat

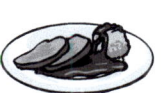

zvekudya

plat principal

zvekuseredzera

darreries

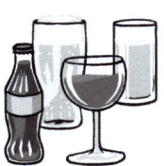

zvekunwa

begudes

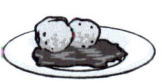

zvekudya

menjar

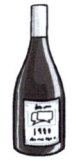

bhodhoro

ampolla

zvekudya zvisingatori nguva
kubika
menjar ràpid

chikafu chinotengeswa
munzira
menjar de carrer

tipoti
tetera

gabha reshuga
sucrer

chidimbu
porció

muchina wekofi
màquina d'espresso

cheya yemwana
trona

bhiri
factura

tureyi
plata

banga
ganivet

forogo
forqueta

chipunu
cullera

chipunu
cullereta

zvekupukutisa muromo
tovalló

girazi
got

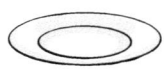

ndiro

plat

ndiro yesupu

plat de sopa

ndiro

plateret

supu

salsa

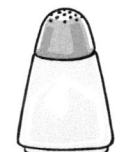

chekuisira sauti

saler

chekugaya mhiripiri

molinet de pebre

vhiniga

vinagre

mafuta

oli

masipaisi

espècies

ketchup

quètxup

mustard

mostassa

mayonaizi

maionesa

supamaketi
supermercat

zvaderedzwa mitengo
oferta especial
FOR
mutengi
client
zvinogadzirwa nemukaka
productes lactis
michero
fruites
chingoro
carret de la compra

BUTCHERS

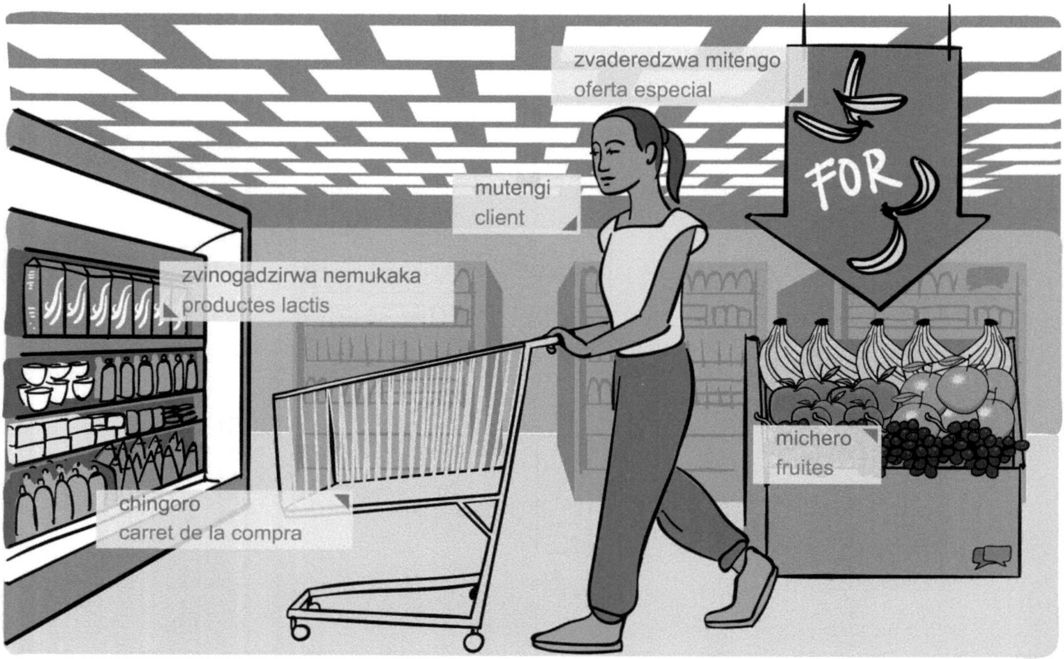

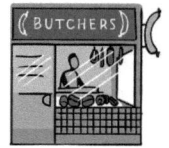

panotengeswa nyama

carnisseria

BAKERY

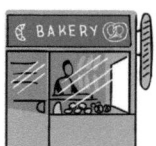

panotengeswa chingwa

forn de pa

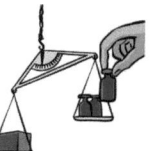

kuyera

pesar

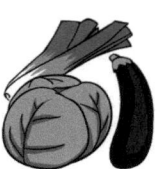

miriwo

verdures

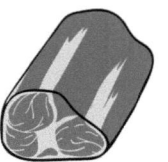

nyama

carn

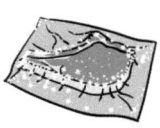

zvekudya zvakaoma nechando

menjar congelat

nyama yakatonhora

carn freda

zvekudya zvemugaba

conserves

sipo yeupfu yekuwachisa

detergent en pols

masuwiti

dolços

zvekushandisa mumba

articles domèstics

zvekuchenesa nazvo

productes de neteja

mutengesi

venedora

tiru

caixa registradora

mutengesi

caixera

zviri kuda kutengwa

llista de la compra

nguva dzekuvhura

horari d'obertura

chikwama

portamonedes

kadhi rekubhengi

carta de crèdit

bhegi

bossa

pepa rekuisira

bossa de plàstic

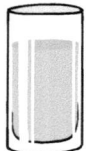

mvura

aigua

muto wemichero

suc

mukaka

llet

coke

coca-cola

waini

vi

doro

cervesa

doro

alcohol

cocoa

cacau

tii

te

kofi

cafè

kofi

espresso

cappuccino

cappuccino

bhanana

banana

apuro

poma

orenji

taronja

nwiwa

síndria

ndimu

llimona

karots

pastanaga

gariki

all

mushenjere

bambú

hanyan si

ceba

hohwa

bolet

nzungu

avellanes

manoodle

fideus

spaghetti

espaguetis

mupunga

arròs

saradhi

amanida

machipisi

patates fregides

mbatatisi dzakafuraiwa

patates fregides

pitsa

pizza

chingwa chakaruma nyama

hamburguesa

sangweji

entrepà

nhindi

escalopa

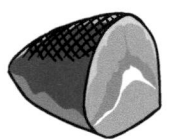

ham

cuixot

salami

salami

soseji

salsitxa

huku

pollastre

gochwa

rostit

hove

peix

bota reoats

flocs de civada

muesli

musli

macornflake

cereals

furawa

farina

croissant

croissant

chingwa

panet

chingwa

pa

ch ngwa chakagochwa

torrada

mabhisikiti

bescuits

bhata

mantega

ige

mató

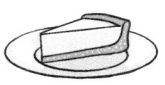

keke

pastís

zai

ou

zai rakafuraiwa

ou fregit

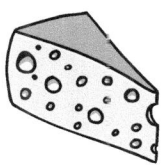

chizi

formatge

aizikirimu
gelat

shuga
sucre

huchi
mel

jemu
melmelada

chocolate yekuzora
crema de xocolata

curry
curri

purazi

granja

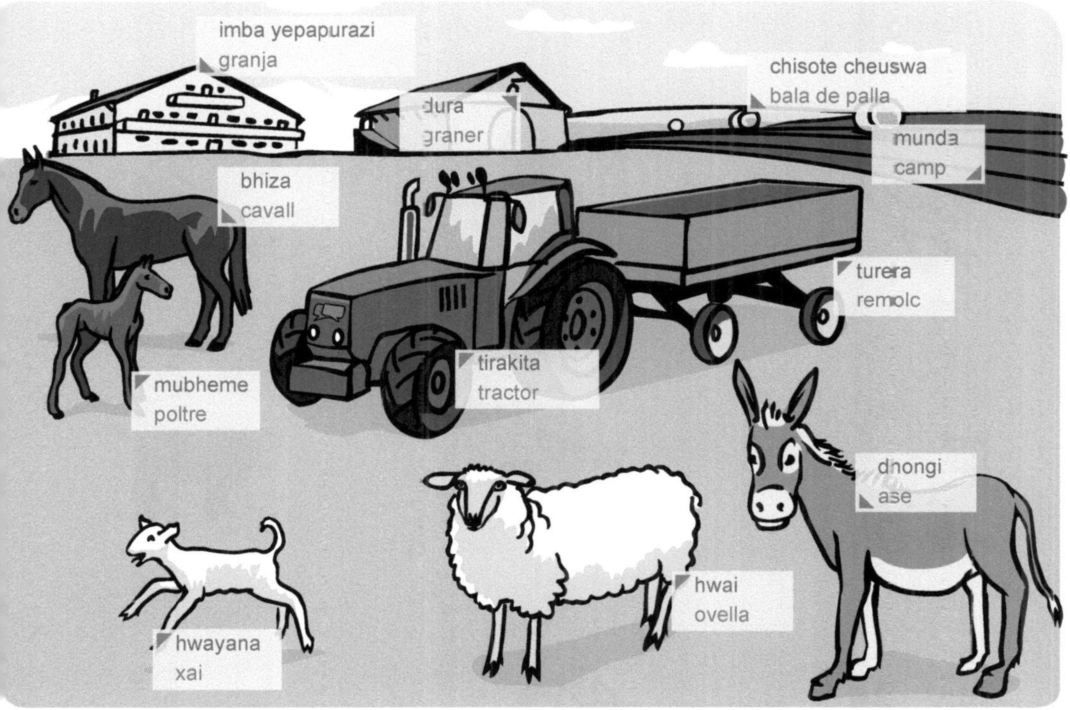
imba yepapurazi
granja
dura
graner
chisote cheuswa
bala de palla
munda
camp
bhiza
cavall
turera
remolc
mubheme
poltre
tirakita
tractor
dhongi
ase
hwai
ovella
hwayana
xai

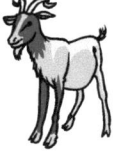

mbudzi

cabra

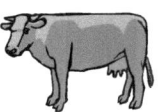

mhou

vaca

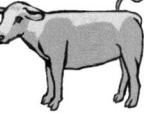

mhuru

vedella

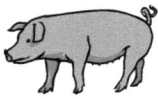

nguruve

porc

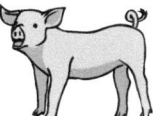

chigwi

garrí

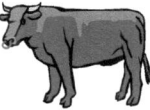

bhuru

bou

dhadha

oca

dhakisi

ànec

nhiyo

poll

tseketsa

gall

jongwe

gallina

gonzo

rata

katsi

gat

mbeva

ratolí

dhonza

bou

imbwa

gos

imba yembwa

gossera

pombi yemvura

mànega de regar

keni yekudiridzisa

regadora

jeko

dalla

gejo

arada

jeko

falç

badza

aixada

forogo

forca

demo

destral

bhara

carretó

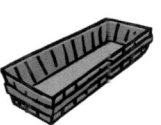

chidyiro

abeurador

bhodhoro remukaka

lletera

saga

sac

fenzi

tanca

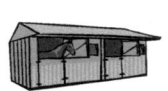

danga

establa

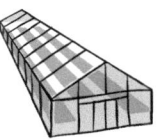

greenhouse

hivernacle

ivhu

sòl

mbeu

llavor

fetereza

adob

mota yekukohwesa

collidora

kukohwa
collir

gohwo
collita

mbatatisi
nyam

gorosi
blat

soya
soja

mbatatisi
patata

chibage
blat de moro o d'indi

rapeseed
colza

muti wemichero
arbre fruiter

mufarinya
mandioca

mbesa
cereals

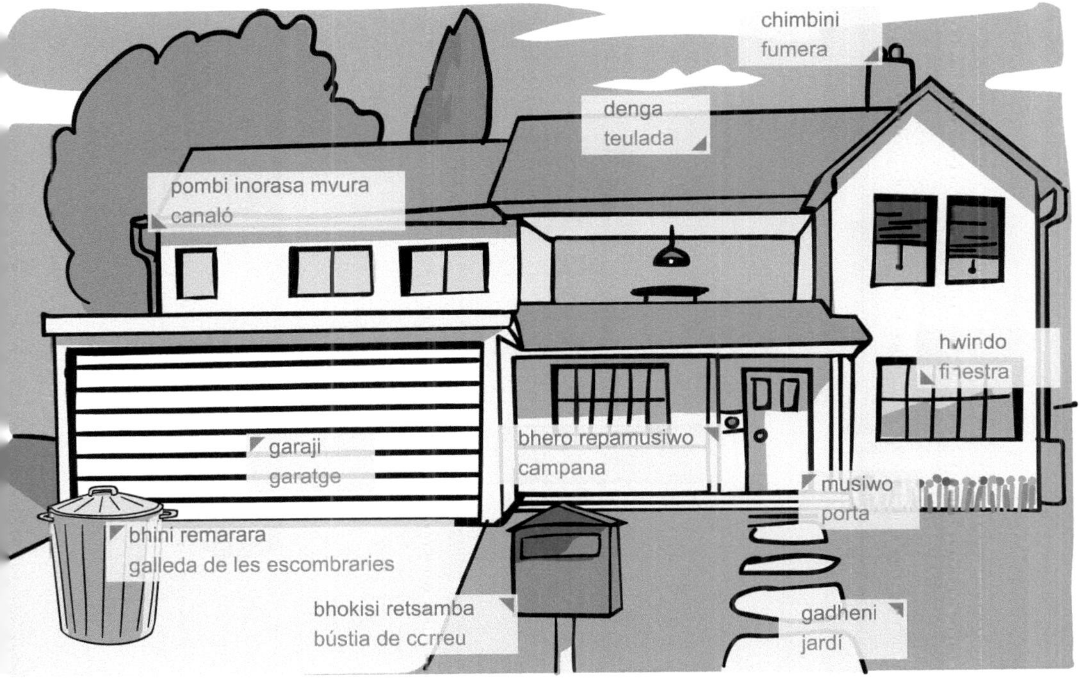

chimbini
fumera

denga
teulada

pombi inorasa mvura
canaló

h.windo
fi_estra

garaji
garatge

bhero repamusiwo
campana

musiwo
porta

bhini remarara
galleda de les escombraries

bhokisi retsamba
bústia de ccrreu

gadheni
jardí

imba yekutandarira

sala d'estar

mekugezera

bany

kicheni

cuina

imba yekurara

cambra de dormir

imba yemwana

cambra de nen

imba yekudyira

menjador

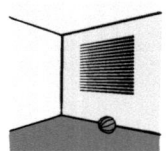

uriri

sòl

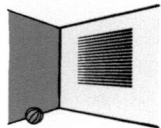

madziro

paret

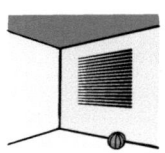

denga

sostre

imba yepasi

soterrani

sauna

sauna

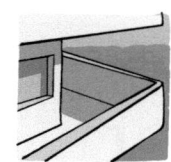

vharanda repadenga

balcó

uriri hwepadenga

terrassa

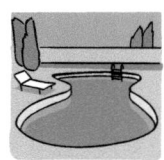

dziva rekushambira

piscina

muchina wekuchekesa uswa

tallagespa

jira

vànova

chekufukidza mubhedha

cobrellit

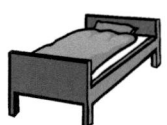

mubhedha

llit

bhurumu

escombra

bhaketi

galleda

suwichi

interruptor

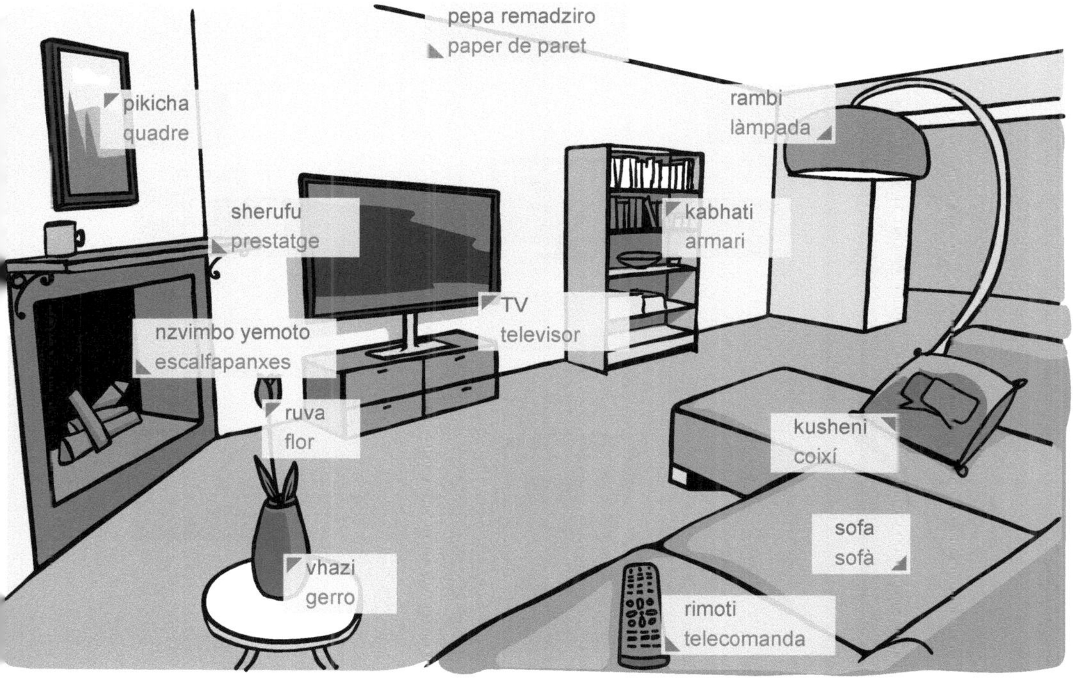

pepa remadziro
paper de paret

pikicha
quadre

rambi
làmpada

sherufu
prestatge

kabhati
armari

nzvimbo yemoto
escalfapanxes

TV
televisor

ruva
flor

kusheni
coixí

sofa
sofà

vhazi
gerro

rimoti
telecomanda

kapeti
catifa

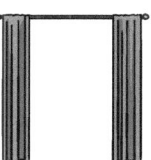

keteni
cortina

tebhuru
taula

cheya
cadira

cheya inozeya
cadira gronxadora

cheya ine pekuisa maoko
cadiral

bhuku

llibre

gumbeze

llençol

marongedzero

decoració

huni

llenya

firimu

film

redhiyo yehi-fi

cadena de música

kii

clau

pepanhau

diari

mufananidzo

pintura

posita

cartell

redhiyo

ràdio

pekunyorera

bloc de notes

muchina wekuhuvhisa

aspiradora

chinanazi

cactus

kenduru

candela

kicheni
cuina

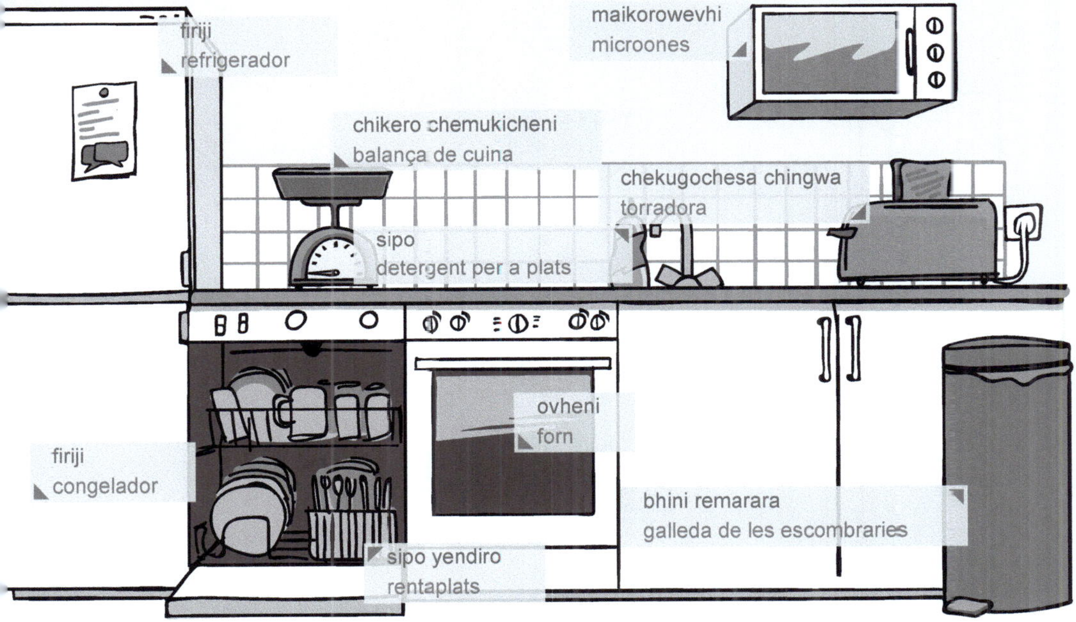
firiji
refrigerador
maikorowevhi
microones
chikero chemukicheni
balança de cuina
chekugochesa chingwa
torradora
sipo
detergent per a plats
ovheni
forn
firiji
congelador
bhini remarara
galleda de les escombraries
sipo yendiro
rentaplats

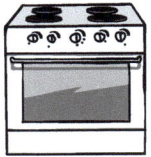

chitofu

cuina de fogons

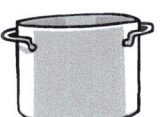

poto

olla

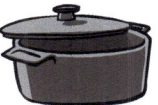

poto yesimbi

olla de ferro colat

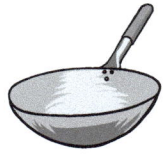

wok / kadai

wok / karahi

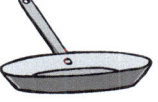

pani

paella

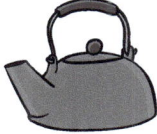

ketero

bullidor

chekubikisa neutsi
hwemvura

olla de vapor

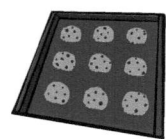

turei yekubhekesa

plata de forn

ndiro

vaixella

kapu

tassa grossa

dishi

bol

tumiti twekudyisa

bastonets xinesos

chipunu

culler

chipunu

espàtula

chekusanganisisa

batedor

chekukunisa

colador

chekukunisa

sedàs

chekugiretesa

ratllador

duri

morter

chiwaya

barbacoa

moto

foc a terra

chekuchekera

taula de tallar

chekutsimbiririsa mukanyiwa

corró

chekuvhurisa mabhodhoro ewaini

llevataps

tini

pot de conserva

chekuvhurisa tini

obridor

girovhosi rekubatisa zvinopisa

agafado

singi

aigüera

bhurasho

raspall

chipanji

esponja

chinosanganisa

batedora

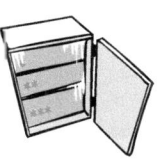

firiji

congelador

bhodhoro remwana

biberó

pombi

aixeta

mekugezera
bany

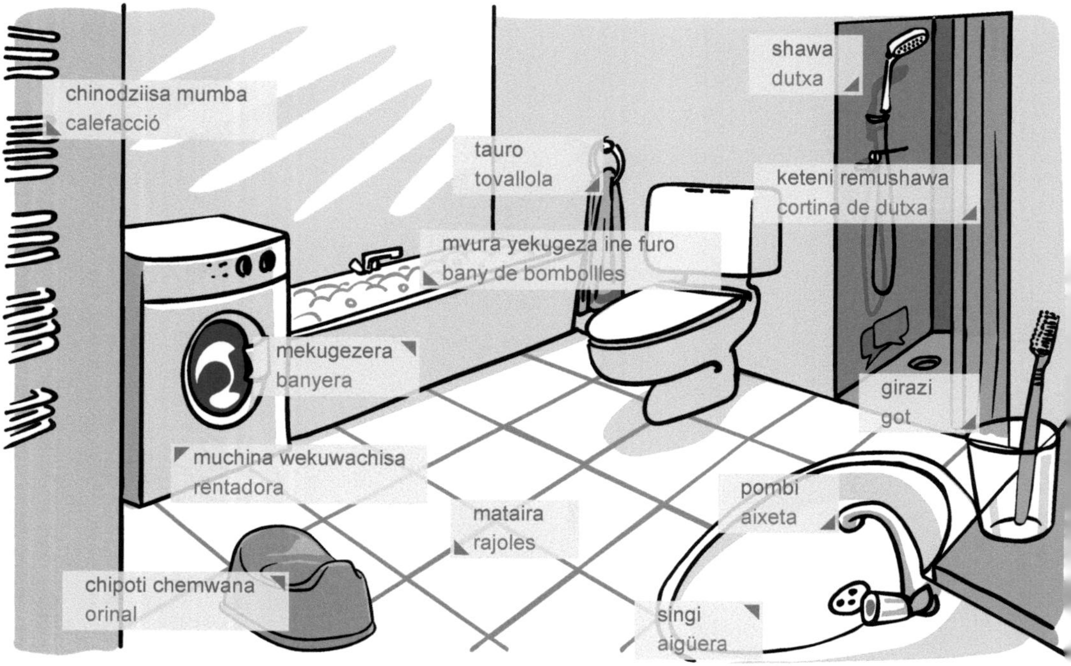

chinodziisa mumba
calefacció
tauro
tovallola
shawa
dutxa
keteni remushawa
cortina de dutxa
mvura yekugeza ine furo
bany de bombolles
mekugezera
banyera
girazi
got
muchina wekuwachisa
rentadora
pombi
aixeta
mataira
rajoles
chipoti chemwana
orinal
singi
aigüera

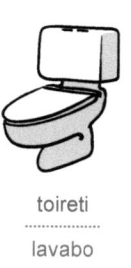

toireti

lavabo

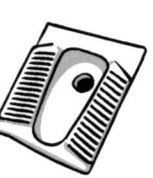

toireti yegomba

lavabo turc

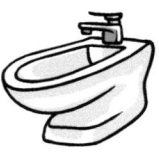

chemba

bidet

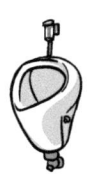

chekuitira weti chevarume

orinador

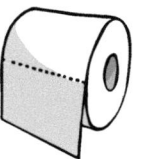

pepa remutoireti

paper higiènic

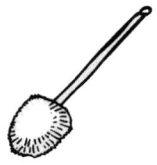

bhurasho remutoireti

escombreta de sanitari

bhurasho remazino

raspall de dents

mushonga wemazino

pasta de dents

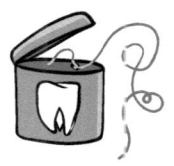

tambo yekugezesa mazino

fil denta

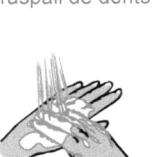

kugeza

rentar

shawa yekuita zvekubata

pom de dutxa

douche

dutxa íntima

bheseni

rentamans

bhurasho remusoro

raspall per a l'esquena

sipo

sabó

sipo yekugezesa mushawa

gel de dutxa

shambuu

xampú

chekugezesa

manyopla de bany

dhireni

bonera

mafuta

crema

chinonhuwirira

desodorant

girazi

mirall

girazi remumaoko

mirall-espill de mà

chekugeresa ndebvu

maquineta de rasar

furo rekugeresa ndebvu

espuma de barbejar

mafuta ekuzora wagera ndebvu

loció post-rasada

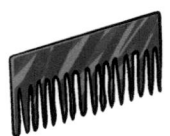

kamu

pinta

bhurasho

raspall

chekuomesa bvudzi

eixugador

mushonga wekupfapfaidza musoro

laca

zvekupodesa

maquillatge

chekupendesa muromo

pintallavis

chekupendesa nzara

esmalt d'ungles

donje

cotó

chigero chenzara

tallaungles

pefiyumu

perfum

bhegi rezvekugezesa

estoig de bellesa

chituro

tamboret

chikero

bàscula

bathrobe

barnús

magirovhosi erabha

guants de goma

tampor

compresa hiçiènica

pedhi

compresa

toireti inotakurwa

sanitari químic

imba yemwana
cambra de nen

wachi
despertador
chitoyi chekurara nacho
animal de peluix
mota yekutambisa
auto de joguina
hosho
sonall
kamba kezvidhori
casa de nines
chipo
present

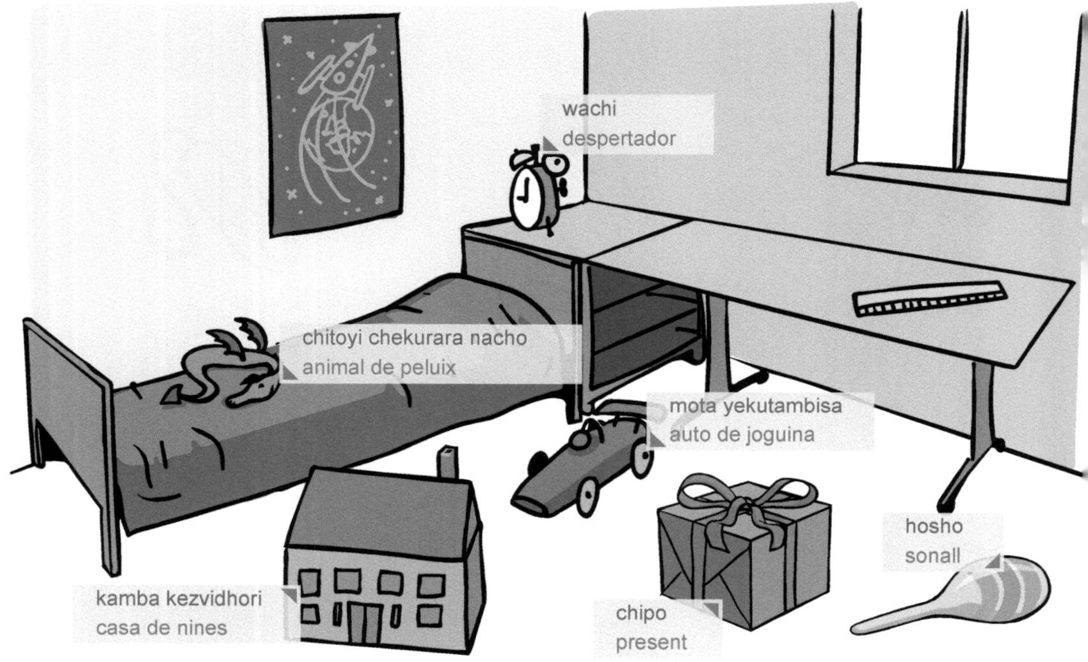

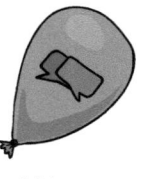

chibharuma
baló

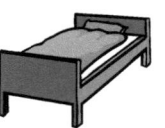

mubhedha
llit

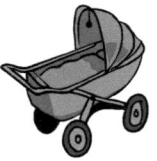

purema
cotxet per a nens

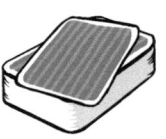

makadhi ekutamba
joc de cartes

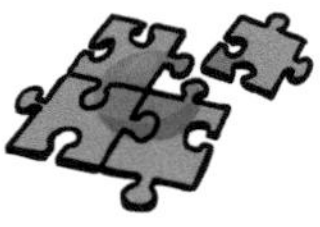

puzzle
trencaclosca

SUPER
MEGA
makatuni ekuverenga
historieta

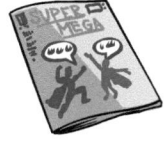

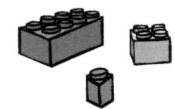

zvekuvakisa zvinhu

peces de lego

mabhuroko ekuvakisa

peces de construcció

chidhor

ninot d'acció

babygrow

granota

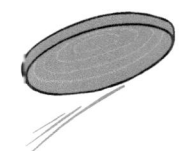

chekutambisa uchikanda

frisbee

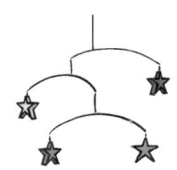

zvekuvaraidza mwana

mòbil per a bressol

gemu rinotambirwa pabhodhi

joc de taula

dhaisi

daus

zvitima zvekutambisa

tren elèctric

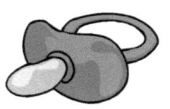

chidhami

xumet

mabiko

festa

bhuku remapikicha

llibre de dibuxos

bhora

pilota

chidhori

nina

kutamba

jugar

majecha ekutambira

sorrera

muzeerere

gronxador

zvekutambisa

joguines

chekutambisa magemu emavhidhiyo

consola de jocs de vídeo

kabhasikoro kemavhiri matatu

tricicle

teddy bear

osset de peluix

wadhiropu

armari

masokisi

mitjons

masokisi

mitges

matirauzi anobata muviri

mitja pantaló

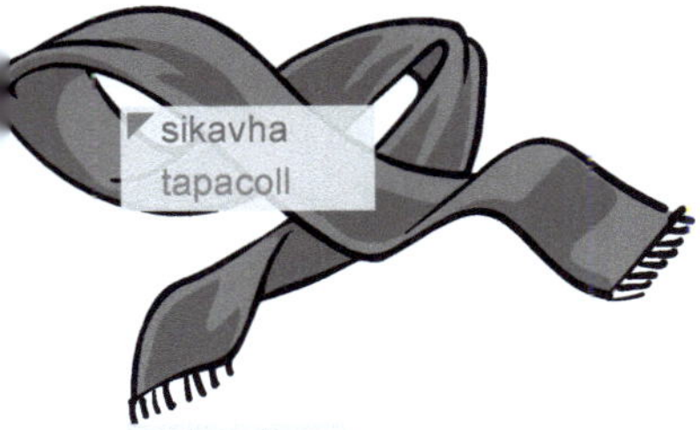

sikavha
tapacoll

amburera
paraigua

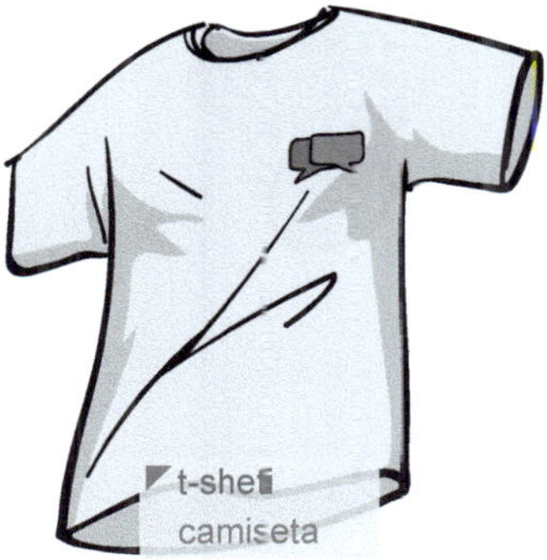

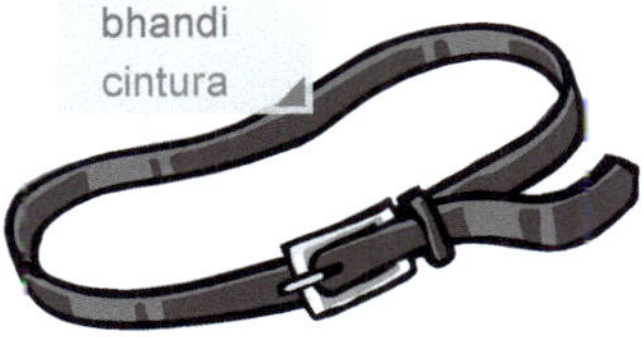

bhandi
cintura

t-shefi
camiseta

majombo
botes

bhutsu
plantofes

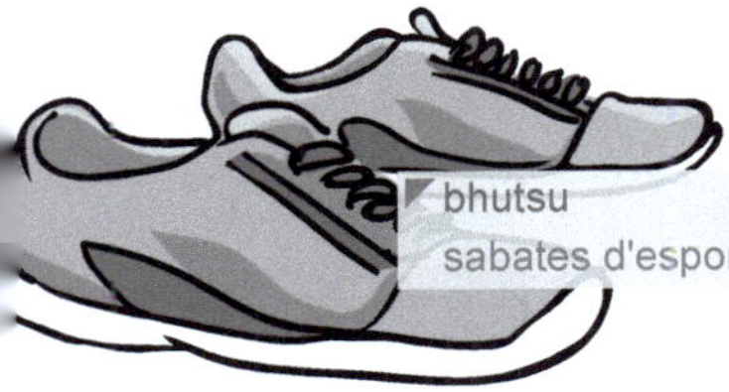

bhutsu
sabates d'esport

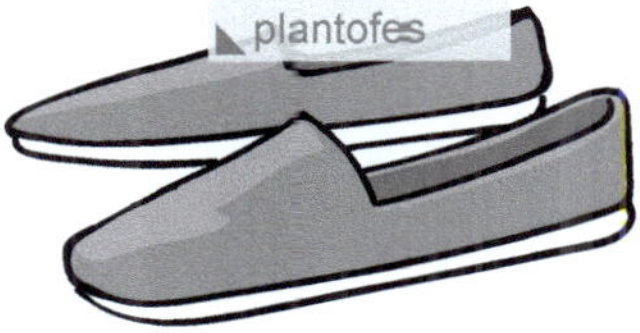

masanduru
sandàlies

bhutsu
sabates

magambutsu
botes de gcma

nduwe
calçonets

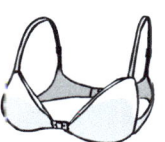
bhodhi
sostenidor

vhesi
guardapits

muviri

jjustacòs

tirauzi

pantalons

jini

jeans

siketi

faldeta

bhurauzi

brusa

hembe

camisa

bhachi

jersei

chibhachi

dessuadora

bhachi

blazer

bhachi

jaqueta

jasi

mantell

renikoti

impermeable

koshitomu

vestit de dona

dhirezi

vestit de dona

dhirezi remuchato

vestit de núvia

sutu

vestit d'home

Hembe yekurarisa

camisa de dormir

mapijama

pijama

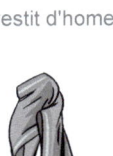

chari

sari

headscarf

mocador de cap

heti

turbant

burqa

burca

kaftan

caftan

abaya

abaia

hembe yekutuhwinisa

vestit de bany

chikabudura

calçon(et)s de bany

chikabudura

pantalons curts

tirekisutu

xandall

apuroni

davantal

magirovhosi

guants

bhatani

botó

magirazi

ulleres

bhenguru

braçalet

chuma

collaret

rin'i

anell

mhete

orellera

kepisi

casquet

hen'a

penjador

heti

capell

tai

corbata

zipi

cremallera

herumeti

casc

mabhandi

elàstics

yunifomu yekuchikoro

uniforme escolar

yunifomu

uniforme

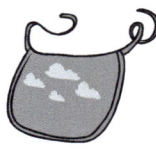

chibhibhi

pitet

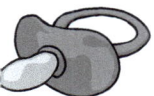

chidhami

xumet

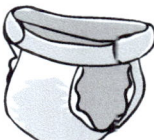

napukeri

bolquer

hofisi

oficina

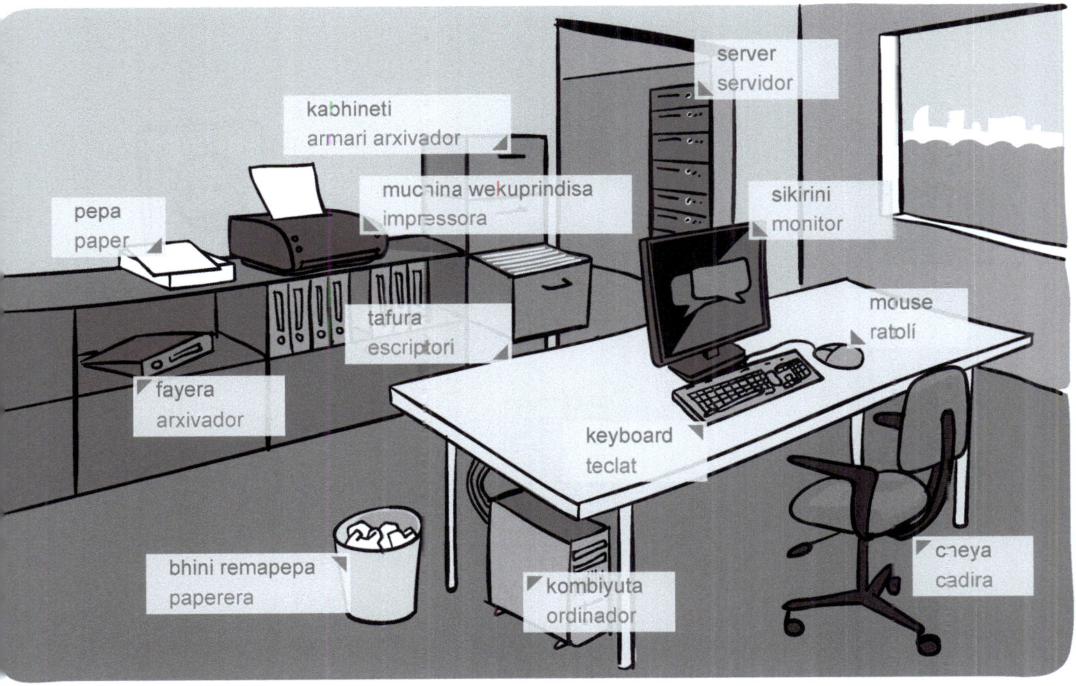

server
servidor
kabhineti
armari arxivador
muchina wekuprindisa
impressora
pepa
paper
sikirini
monitor
mouse
ratolí
tafura
escriptori
fayera
arxivador
keyboard
teclat
bhini remapepa
paperera
kombiyuta
ordinador
cheya
cadira

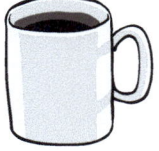

kapu yekofi

tassa de cafè

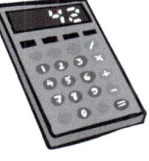

kakureta

calculadora

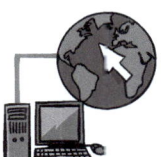

indaneti

Internet

laptop

ordinador portàtil

tsamba

lletra

tsamba

missatge

serura

mòbil

network

xarxa

muchina wekufotokopesa

fotocopiadora

software

programari

foni

telèfon

pekupfekera magetsi

presa de corrent

muchina wefax

fax

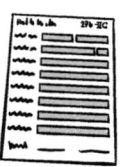

fomu

formulari

gwaro

document

kutenga

comprar

kubhadhara

pagar

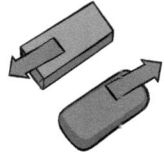

kutengesa

comerciar

mari

diners

Dhora

dòlar

Euro

euro

Yen

ien

rouble

ruble

Swiss franc

franc suís

renminbi yuan

renminbi

rupee

rupia

panobhadharwa

caixa automàtica

panochinjwa mari

oficina de canvi

goridhe

or

sirivha

argent

mafuta

petroli

magetsi

energia

mutengo

preu

chibvumirano

contracte

mutero

impost

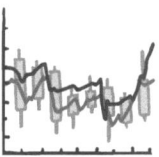

masitoku

acció

kushanda

treballar

mushandi

treballador

mushandirwi

empresari

fekitari

fàbrica

chitoro

botiga

mabasa
oficis

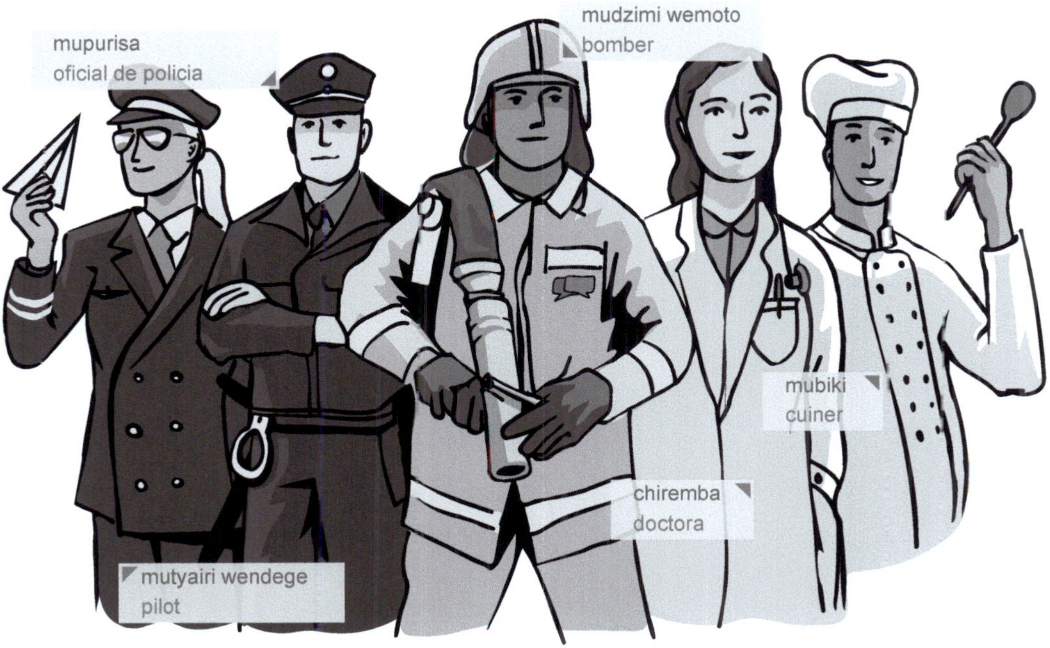
mupurisa
oficial de policia
mudzimi wemoto
bomber
mubiki
cuiner
chiremba
doctora
mutyairi wendege
pilot

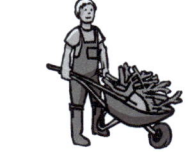

mushandi wemugadheni

jardiner

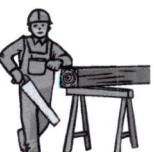

muvezi

fuster

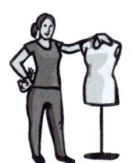

mukadzi anosona

costurera

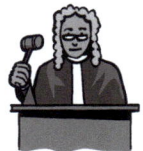

mutongi

jutge

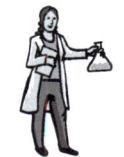

anoita zvemishonga

química

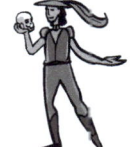

ekita

actor

mutyairi webhazi

conductor d'autobús

mutyairi wetaxi

taxista

muredzi

pescador

mudzimai anochenesa

dona de la neteja

anogadzira denga

ensostrador

hweta

cambrer

muvhimi

caçador

anopenda

pintor

mubiki wechingwa

forner

mugadziri wemagetsi

electricista

muvaki

obrer de la construcció

injiniya

enginyer

mushandi wemubhucha

carnisser

puramba

llanterner

positimeni

correu

musoja

soldat

anoita mapurani edzimba

arquitecte

mutengesi

caixera

nugadziri wemaruva

florista

mugadziri wemusoro

perruquer

kondakita

revisor

makanika

mecànic

kaputeni

capità

chiremba we nazino

dentista

musayindisti

científic

rabbi

rabí

imam

imam

mumonk

monjo

mufundisi

capellà

maturusi

eines

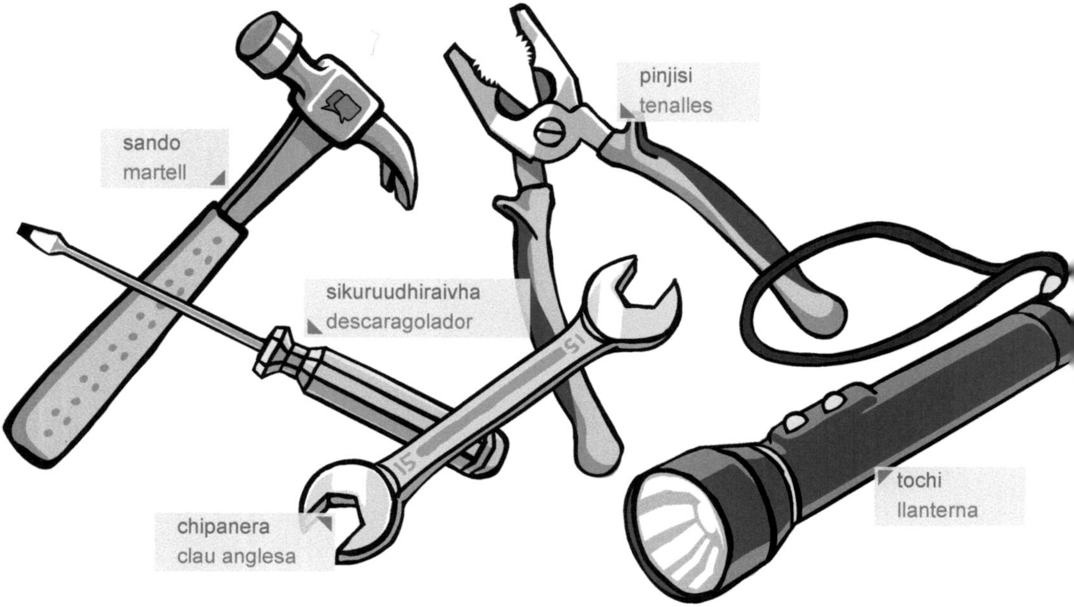
sando
martell
pinjisi
tenalles
sikuruudhiraivha
descaragolador
chipanera
clau anglesa
tochi
llanterna

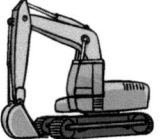

chikatapira

excavadora

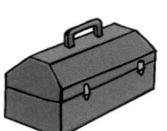

bhokisi rematurusi

caixa d'eines

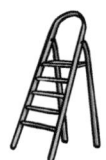

manera

escala

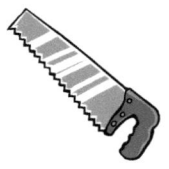

saha

serra

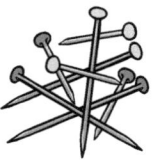

zvipikiri

claus

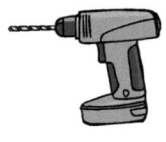

chibooreso

trepant

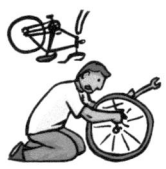

kugadzira

reparar

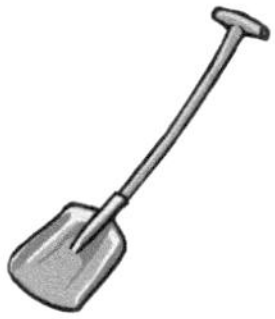

foshoro

pala

Nxa!

Maleït siga!

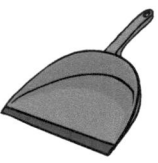

chidyoreso

pala

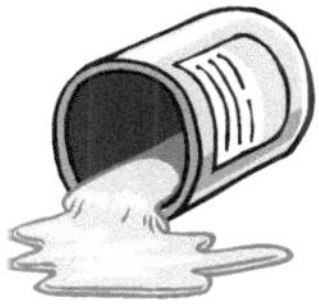

gaba rependi

pot de pintura

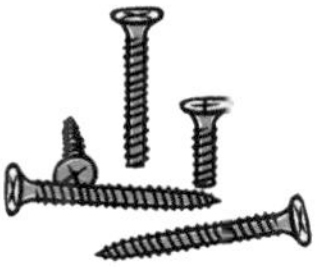

masikuruu

caragols

zviridzwa
instrument de música

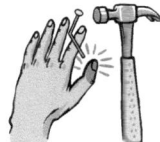

sipika
altaveu
ngoma dzakasiyana-siyana
bateria
gitare
guitarra
chiridzwa chebhesi
contrabaix
bhosvo
trompeta

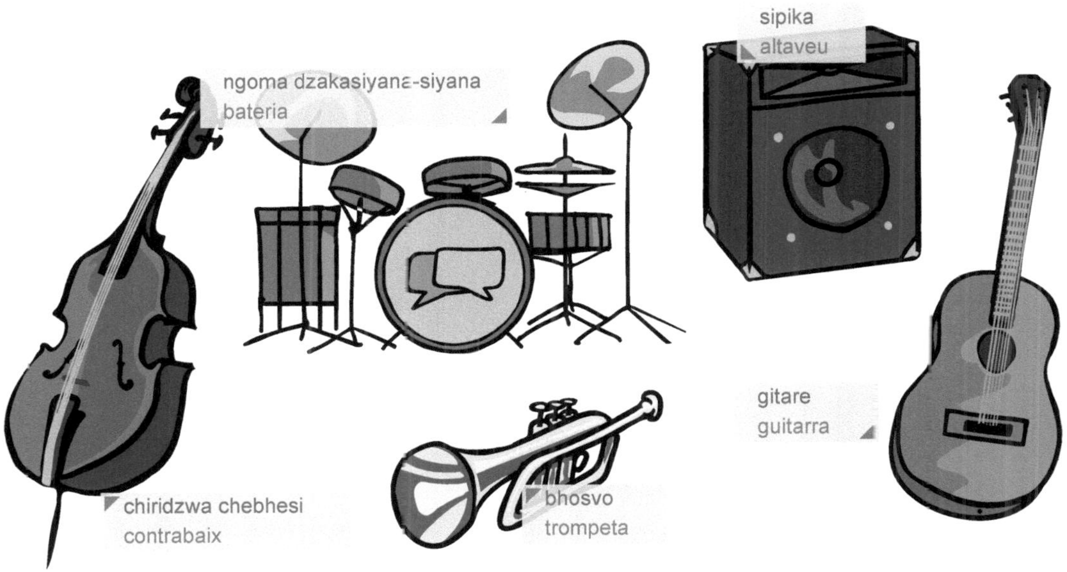

piyano

piano

violin

violí

gitare rebhesi

baix

ngoma

timbal

ngoma

tambor

piyano yemagetsi

teclat

saxophone

saxofon

nyere

flauta

maikorofoni

micròfon

tiger
tigre

chizarira
gàbia

mbizi
zebra

chikafu chemhuka
aliment per a animals

pekupindisa
ertrada

panda
ós panda

mhuka

animals

nzou

elefant

kangaruru

cangu·ú

chipembere

rinoceront

gorilla

goril·la

bear

ós

ngamera

camell

mhou

estruç

shumba

lleó

tsoko

simi

flamingo

flamenc

parrot

papagai

bear rekuchando

ós polar

penguin

pingüí

shark

ca mari

pikoko

paó

nyoka

serp

garwe

cocodril

muchengeti wenzvimbo
yemhuka

guardià del zoo

seal

foca

jaguar

jaguar

nyurusi

poni

ingwe

lleopard

mvuu

hipopòtam

twiza

girafa

gondo

àliga

nguruve yemusangɔ

senglar

hove

peix

kamba

tortuga

walrus

morsa

gava

guineu

nhoro

gasela

bhora rekuAmerica
futbol americà

kuchovha
ciclisme

tenisi
tenis

bhora rebhasiketi
bàsquet

kutuhwina
natació

tsiva
boxa

hockey yemuchando
hoquei sobre gel

nhabvu

futbol americà

badminton

bàdminton

zvekumhanya

atletisme

bhora remaoko

handbol

kuita ski

esquí

polo

polo

mabasa
activitats

kuseka
riure
kusvetuka
saltar
kumbundira
abraçar
kufamba
anar
kuimba
cantar
kurota
somiar
kunyengetera
pregar
kutsvoda
fer un petó

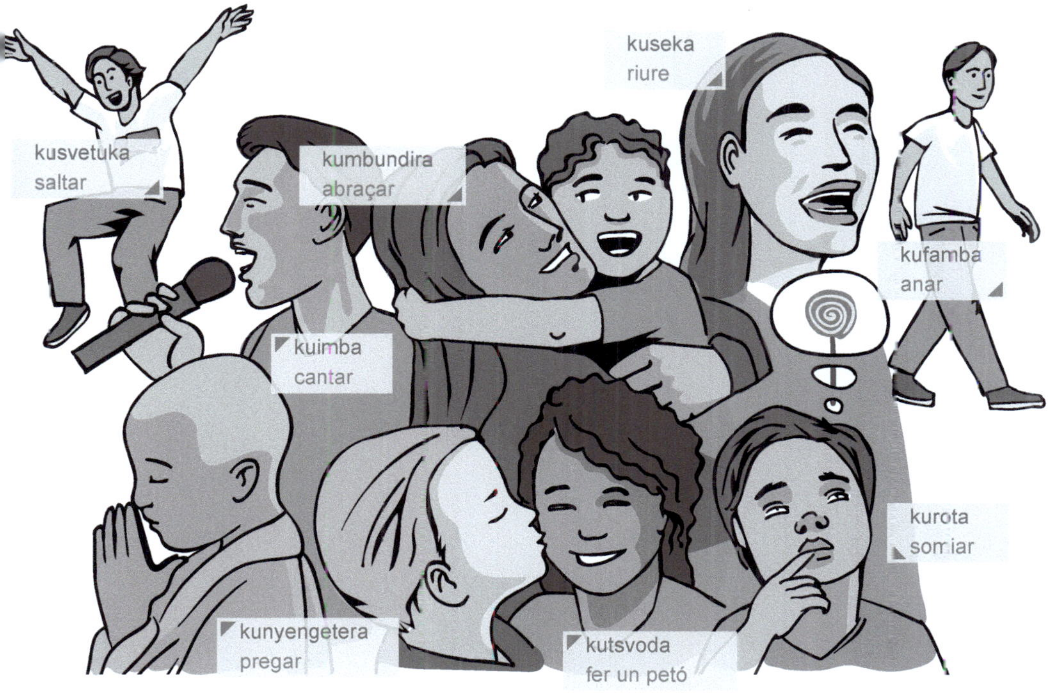

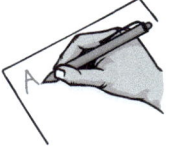

nyora

escriure

kudhirowa

dibuixar

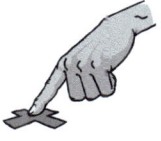

kuratidza

mostrar

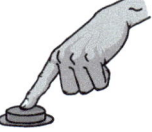

kusunda

pitjar

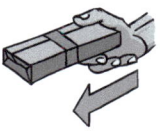

kupa

donar

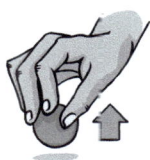

kutora

prendre

kuva ne

tenir

kuita

fer

kuva

ésser

kumira

estar dret

kumhanya

córrer

kudhonza

estirar

kukanda

llançar

kudonha

caure

kurara

jeure

kumirira

esperar

kutakura

portar

kugara

asseure's

kupfeka

vestir-se

kurara

dormir

kumuka

despertar-se

kutarisa

mirar

kuchema

plorar

kupuruzira

amoixar

kukama

pentinar

kutaura

parlar

kunzwisisa

comprendre

kubvunza

demanar

kuteerera

escoltar

kunwa

beure

kudya

menjar

kuchenesa

endreçar

kuda

estimar

kubika

cuinar

kutyaira

conduir

kubhururuka

volar

kufambiswa nemhepo

navegar

kakureta

calcular

kuverenga

llegir

kudzidza

aprendre

kushanda

treballar

kuroora / kuroorwa

casar-se

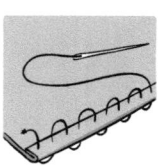

kusona

cosir

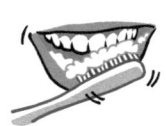

kukwesha mazino

raspallar-se les dents

kuuraya

matar

kuputa

fumar

kutumira

enviar

ambuya
àvia

sekuru
avi

baba
pare

amai
mare

mwana
nadó

mwanasikana
filla

mwanakomana
fill

muenzi

convidat

tete

tia

sekur⌐

oncle

hanzvadzikomana

germà

hanzvadzisikana

germana

muviri

cos

huma
front
ziso
ull
bendekete
espatlla
munwe
dit
chiso
cara
chirebvu
barbeta
ruoko
mà
gumbo
cama
chipfuva
pit
ruoko
braç

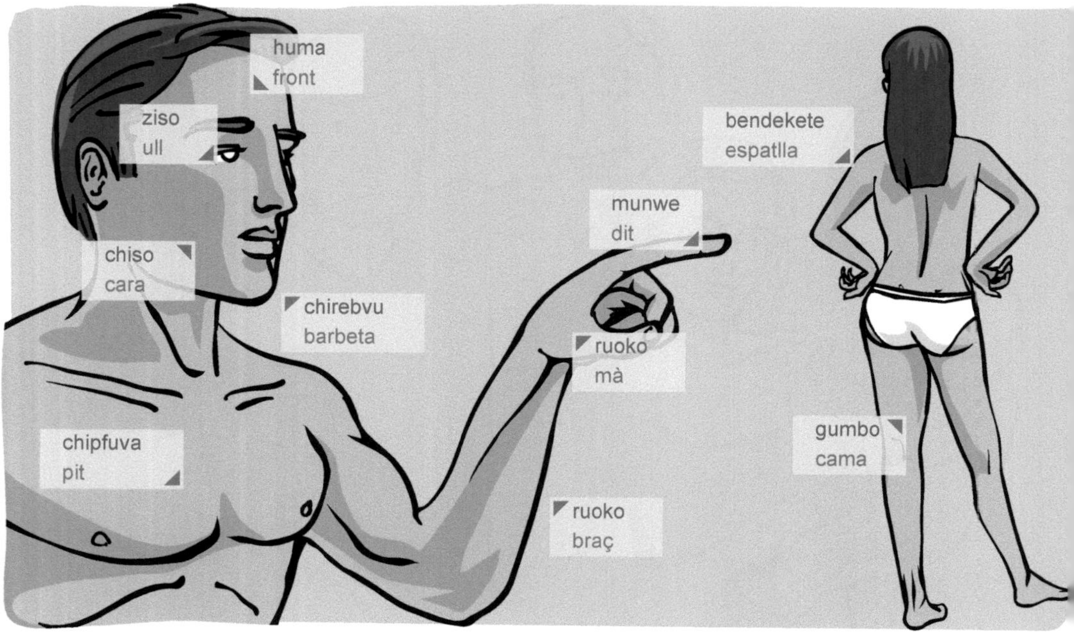

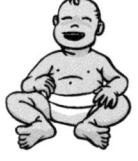

mwana

nadó

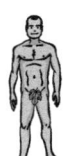

murume

home

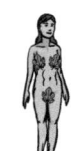

mukadzi

dona

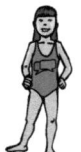

musikana

noia

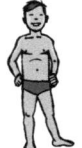

mukomana

noi

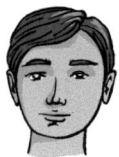

musoro

cap

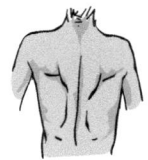

musana

esquena

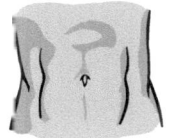

dumbu

panxa

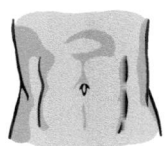

guvhu

melic

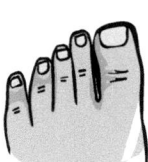

chigunwe

dit gros del peu

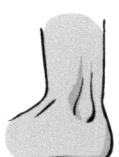

chitsitsinho

taló

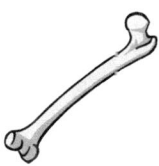

bhonzc

os

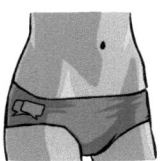

hudyu

maluc

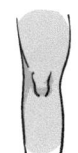

ibvi

genoll

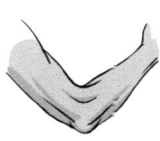

gokora

colze

mhino

nas

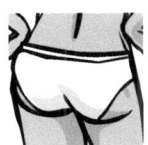

garo

cul

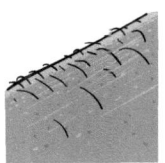

ganda

pell

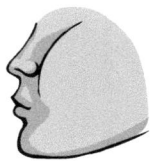

dama

galta

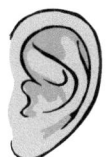

nzeve

orella

muromo

llavi

mukanwa

boca

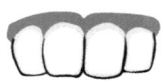

zino

dent

rurimi

llengua

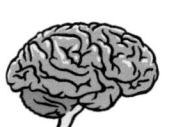

uropi

cervell

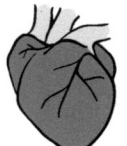

mwoyo

cor

tsandanyama

múscul

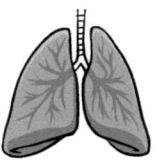

bapu

pulmó

chitaka

fetge

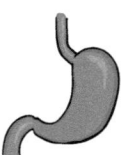

dumbu

estómac

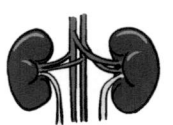

itsvo

ronyó

kuita bonde

relació sexual

kondomu

preservatiu

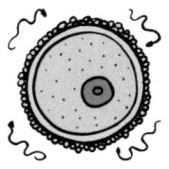

zai

ovari

urume

semen

nhumbu

prenyat

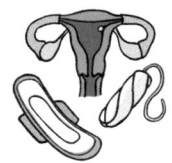

kuenda kumwedzi

menstruació

sikarudzi

vagina

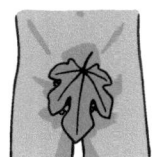

mboro

penis

tsiye

cella

bvudzi

cabells

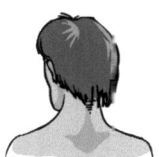

mutsipa

coll

chipatara
hospital

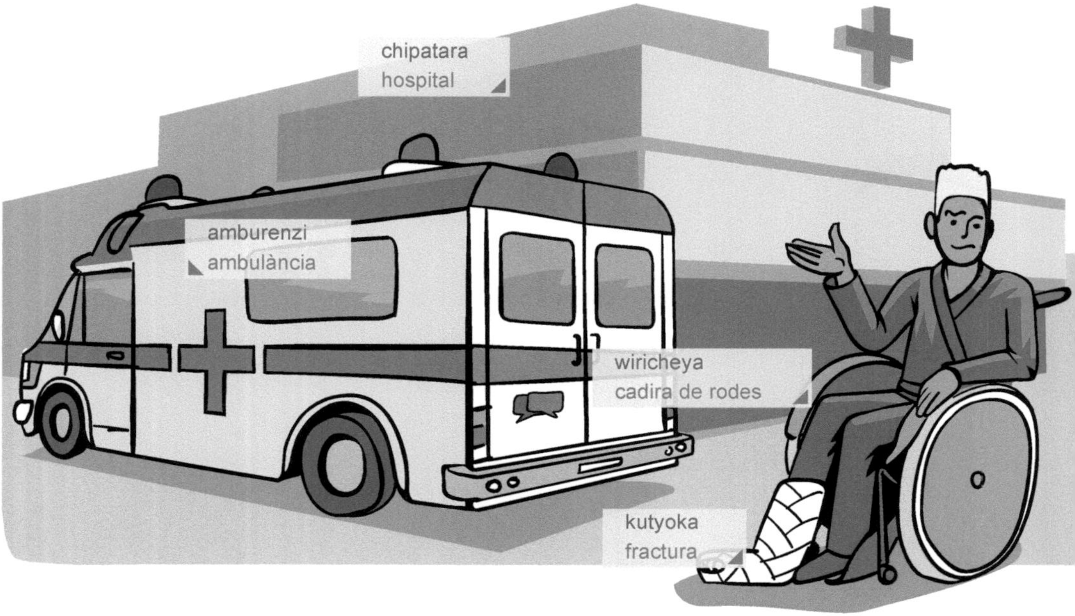

chipatara
hospital
amburenzi
ambulància
wiricheya
cadira de rodes
kutyoka
fractura

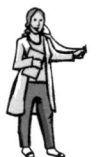

chiremba
doctora

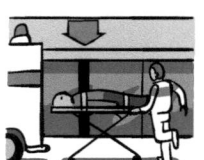

imba yerubatsiro
sala d'urgències

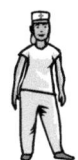

nesi
infermera

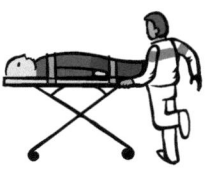

zvekukurumidza
urgència

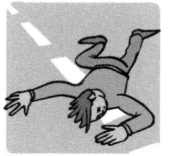

kufenda
inconscient

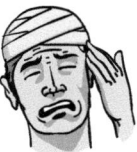

rwadza
dolor

kukuvara

ferida

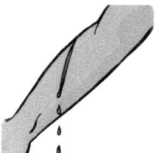

kubuda ropa

sagnament

kuerekana mwoyo usisashardi

atac de cɔr

kuoma rutivi

apoplexia

zvinorwarisa

al·lèrgia

chikosoro

tos

fivha

febre

furuu

gripa

manyoka

diarrea

kutemwa nemusoro

mal de cap

mhuka

càncer

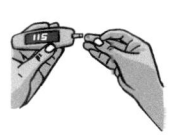

chirwere cheshuga

diabets

muvhiyi

cirurgià

kabanga keoparesheni

escalpel

oparesheni

operació

chipatara - hospital

73

CT

tomografia computada (TC), TAC

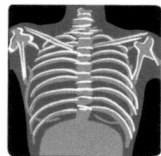

x-ray

raigs x

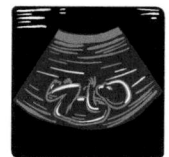

ultrasound

ultrasò

chekuvharisa mhino nemuromo

mascareta

chirwere

malaltia

mekumirira kurapiwa

sala d'espera

chidhondoro

crossa

purasita

tireta

bhandiji

embenat

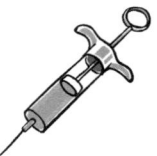

jekiseni

injecció

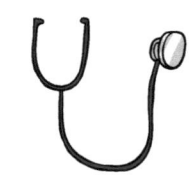

chekuteerera nacho mukati

estetoscopi

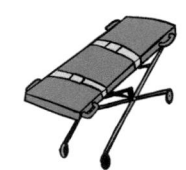

kamubhedha kemurwere

llitera

chekutoresa nacho tembiricha

termòmetre clínic

kuzvara

pariment

kufuta

sobrepès

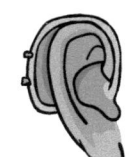

chekubatsira kunzwa

aparell auditiu

mushonga unouraya utachiona

desinfectant

utachiona

infecció

vhairasi

virus

HIV / AIDS

VIH / SIDA

mushonça

medicina

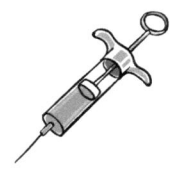

kudzivirira zvirwere

vaccí

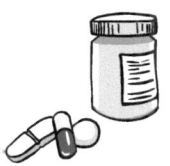

mapiritsi

comprimits

piritsi

píl·lola

kufonera rubatsiro ipapo ipapo

trucada d'urgència

muchina wekuyeresa BP

tensiòmetre

kurwara / kuȝwinya

malalt / sà

Maiwe!

Socors!

bhero

alarma

kurwisa

assalt

kurwisa

atac

ngozi

perill

pekupuda napo zvechimbi-chimbi

sortida-eixida d'urgència

Moto!

Foc!

chekudzimisa moto

extintor

tsaona

accident

zvinhu zvefirst aid

farmaciola de primers auxilis

SOS

SOS

mapurisa

policia

Europe

Europa

Kuchamhembe kweAmerica

Amèrica del Nord

Kumaodzanyemba
kweAmerica

Amèrica del Sud

Africa

Àfrica

Asia

Àsia

Australia

Austràlia

Atlantic

Atlàntic

Pacific

Pacífic

Nyanza yeIndia

Oceà Índic

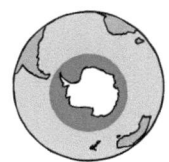

Nyanza yeAntarctic

Oceà Antàrtic

Nyanza yeArctic

Oceà Àrtic

Kuchamhembe

pol nord

Kumaodzanyemba

pol sud

Antarctica

Antàrtida

Nyika

terra

nyika

país

gungwa

mar

chitsuwa

illa

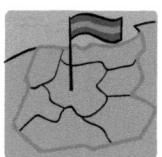

nyika

nació

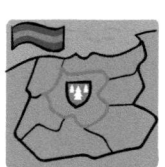

nyika

estat

Nyika - terra

wachi

quadrant

chinongedza awa

agulla de les hores

chinongedza miniti

agulla dels minuts

chinongedza masekondi

agulla dels segons

Inguvai?

Quina hora és?

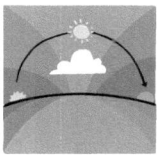

zuva

dia

nguva

temps

izvozvi

ara

wachi yemarhamba

rellotge digital

miniti

minut

awa

hora

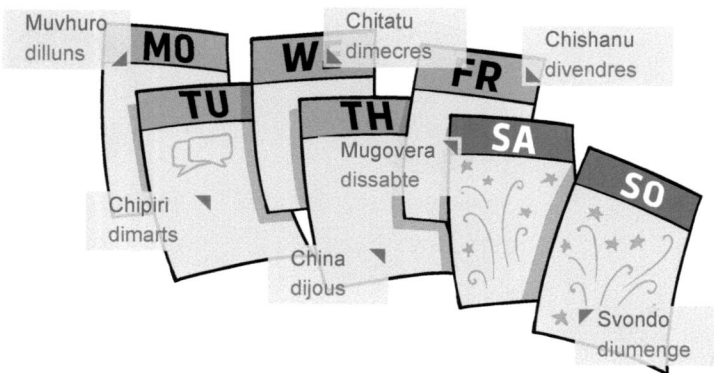

Muvhuro
dilluns

Chitatu
dimecres

Chishanu
divendres

Chipiri
dimarts

Mugovera
dissabte

China
dijous

Svondo
diumenge

nezuro

ahir

nhasi

avui

mangwana

demà

mangwanani

matí

masikati

migdia

manheru

tarda

mazuva ebasa

dia feiner

kupera kwevhiki

cap de setmana

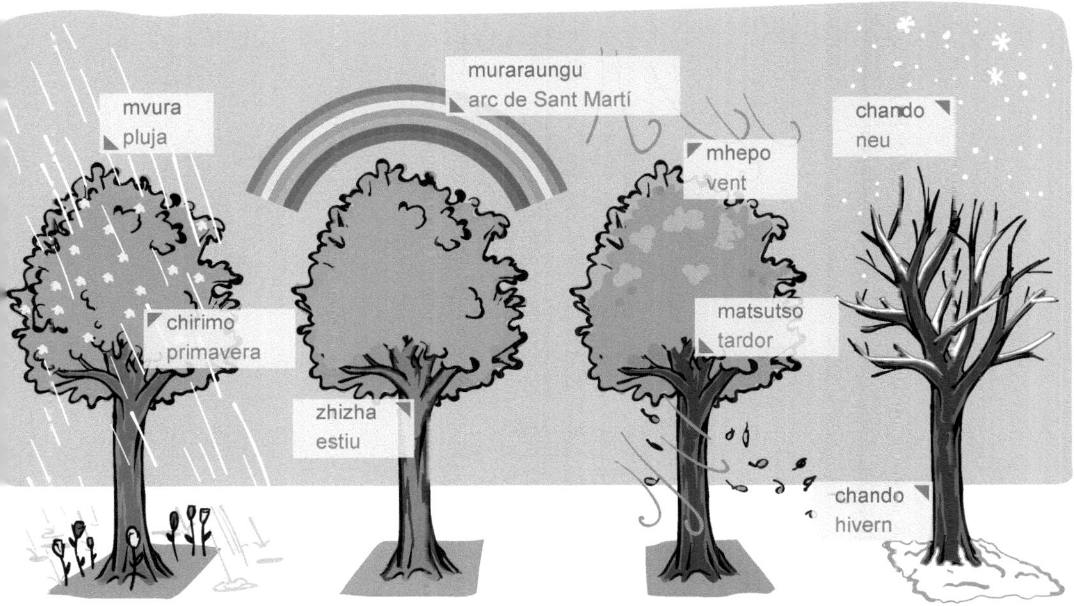

mvura
pluja

muraraungu
arc de Sant Martí

chando
neu

mhepo
vent

chirimo
primavera

matsutso
tardor

zhizha
estiu

chando
hivern

4.APRIL	11°	☀
5.APRIL	4°	☁
6.APRIL	13°	⛆
7.APRIL	8°	❄
8.APRIL	10°	☀

mamiriro ekunze
anofungidzirwa
....
pronòstic del temps

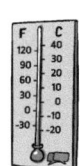

chekutoresa tembiricha
....
termòmetre

zuva
....
llum del sol

makore
....
núvol

mhute
....
boira

hunyoro
....
humiditat de l'aire

mheni
llamp

kutinhira
tro

dutu
tempesta

chivhuramabwe
calamarsa

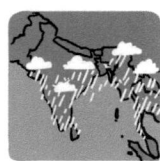

mhepo ine mvura
monsó

mafashamo
inundació

mazaya echando
gel

Ndira
gener

Kukadzi
febrer

Kurume
març

Kubvumbi
abril

Chivabvu
maig

Chikumi
juny

Chikunguru
juliol

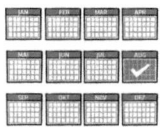

Nyamavhuvhu
agost

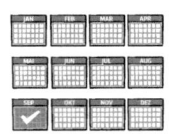

Gunyana

setembre

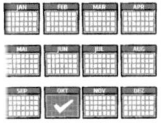

Gumiguru

octubre

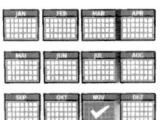

Mbudzi

novembre

Zvita

desembre

denderedzwa

cercle

sikweya

quadrat

rectangie

rectangle

triangle

triangle

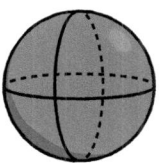

bhora

esfera

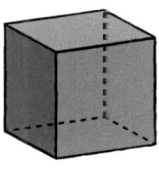

bhokisi

cub

chena
blanc

yero
groc

orenji
taronja

pingi
rosa

tsvuku
vermell

pepuru
lila

bhuruu
blau

girini
verd

kaki
marró

gireyi
gris

nhema
negre

zvakawanda / zvishoma

molt / poc

nasha / dzikama

emprenyat / tranquil

naka / shata

bonic / lleig

kutanga / kuguma

començament / fi

hombe / diki

gran / petit

jeka / rima

clar / fosc

hanzvadzikomana / hanzvadzisikana

germà / germana

chena / sviba

net / brut

kwana / kusakwana

complet / incomplet

masikati / usiku

dia / nit

yakafa / mhenyu

mort / viu

pamhamha / tetepa

ample / estret

unodyiwa / haudyiwi

comestible / immenjable

utsinye / mutsa

dolent / amable

kunakidzwa / kufinhwa

entusiasmat / entediat

kobvuka / tetepa

gros / prim

kutanga / kupedzisira

primer / darrer

shamwari / muvengi

amic / enemic

rakazara / hairina kuzara

ple / buit

oma / pfava

dur / tou

rema / reruka

pesant / lleuger

nzara / nyota

gana / set

kurwara / kugwinya

malalt / sà

zvisiri pamutemo / zviri pamutemo

il·legal / legal

kungwara / kupusa

intel·ligent / ximple

ruboshwe / rudyi

esquerra / dreta

pedyo / kure

prop / llunyà

matsva / matsaru

nou / usat

hapana / chiripo

res / quelcom

kuru / duku

vell / jove

batidza/dzima

encès / apagat

vhurika / vharika

obert / tancat

nyarara / ruzha

silenciós / sorollós

mupfumi / murombo

ric / pobre

chakanaka / chakaipa

correcte / incorrecte

kukasharara / kutsvedzerera

aspre / suau

kusuwa / kufara

trist / content

pfupi / refu

curt / llarg

nonoka / kurumidza

lent / ràpid

nyoro / oma

humit / sec - eixut

dziya / tonhora

calent / fred

hondo / rugare

guerra / pau

0	**1**	**2**
zero	potsi	piri
zero	u	dos

3	**4**	**5**
tatu	ina	shanu
tres	quatre	cinc

6	**7**	**8**
nhanhatu	nomwe	sere
sis	set	vuit

9	**10**	**11**
pfumbamwe	gumi	gumi neimwe
nou	deu	onze

12

gumi nembiri

dotze

13

gumi netatu

tretze

14

gumi neira

catorze

15

gumi neshanu

quinze

16

gumi nenhanhatu

setze

17

gumi nenomwe

disset

18

gumi nesere

divuit

19

gumi nepfumbamwe

dinou

20

makumi maviri

vint

100

zana

cent

1.000

chiuru

mil

1.000.000

miriyoni

milió

Chirungu

anglès

Chirungu chekuAmerica

anglès americà

Mandarin yekuChina

xinès mandarí

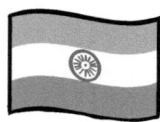

ChiHindi

hindi

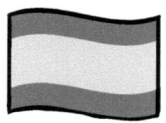

ChiSpanish

espanyol

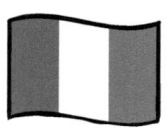

ChiFrench

francès

ChiArabic

àrab

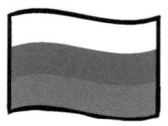

ChiRussian

rus

ChiPortuguese

portuguès

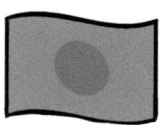

ChiBengali

bengalí

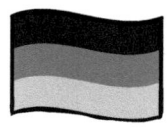

ChiGerman

alemany

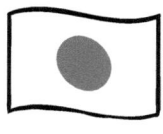

ChiJapanese

japonès

ini
jo

iwe / imi
tu

iye
ell / ella / allò

isu
nosaltres

imi
vosaltres

ivo
ells

ani?
qui?

chii?
què?

sei?
com?

kupi?
on?

riini?
quan?

zita
nom

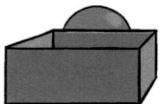

seri
....
darrere

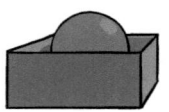

mukati
....
en

pamberi
....
davant de

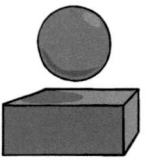

nepamusoro
....
damunt

pamusoro
....
sobre

pasi
....
sota

divi
....
al costat

pakati
....
entre

nzvimbo
....
lloc